AF355239

PAPIER
FRESSERCHEN
MTM-VERLAG
DIE BÜCHER MIT DEM DRACHEN

Impressum:

© 2024 Papierfresserchens MTM-Verlag GbR
Mühlstr. 10, 88085 Langenargen

E-Mail: info@papierfresserchen.de
Internet: www.papierfresserchen.de

Bearbeitung: CAT creativ - www.cat-creativ.at

Gedruckt in Polen

Bildnachweise:
Die Illustrationen wurden mithilfe von Künstlicher Intelligenz (KI) erstellt. Die Beschreibungen und Konzepte für die Bilder stammen von der Herausgeberin.

ISBN: 978-3-99051-282-1 - Taschenbuch

Narja Holland

Kreatives Schreiben für Kinder: Gedichte

Erzählanlässe, Reimwörter, erste Strophen, Bilder

für Klassen- und Gruppenprojekte

Inhalt

Vorwort — 5

Schreibanlass: Frühlingserwachen — 7
Reimwörter: Frühlingserwachen — 9
Erste Strophen: Frühlingserwachen — 10

Schreibanlass: Osterfreuden — 13
Reimwörter: Osterfreuden — 15
Erste Strophen: Osterfreuden — 16

Schreibanlass: Sommerferien — 19
Reimwörter: Sommerferien — 21
Erste Strophen: Sommerferien — 22

Schreibanlass: Sommergewitter — 25
Reimwörter: Sommergewitter — 27
Erste Strophen: Sommergewitter — 28

Schreibanlass: Herbststimmung — 31
Reimwörter: Herbststimmung — 33
Erste Strophen: Herbststimmung — 34

Schreibanlass: Halloween — 37
Reimwörter: Halloween — 39
Erste Strophen: Halloween — 40

Schreibanlass: Martinsumzug — 43
Reimwörter: Martinsumzug — 45
Erste Strophen: Martinsumzug — 46

Schreibanlass: Weihnachtszeit — 49
Reimwörter: Weihnachtszeit — 51
Erste Strophen: Weihnachtszeit — 52

Schreibanlass: Winterzauber — 55
Reimwörter: Winterzauber — 57
Erste Strophen: Winterzauber — 58

Nachwort — 60
Was ich mir noch merken wollte — 61

Vorwort

In dem vorliegenden Arbeitsbuch geht es darum, Kinder und Jugendliche zum Schreiben von Gedichten mit Themen im Jahresreigen zu motivieren. Die Lese- und Schreibkompetenz stellt eine der grundlegendsten Fähigkeiten dar, um Wissen zu erlangen, unabhängig davon, in welchem Bereich man sich vertiefen möchte.

Kreatives Schreiben, insbesondere in Form von Gedichten, regt die Fantasie an und ermöglicht es, Gedanken und Gefühle in einzigartiger Weise auszudrücken – ein Talent, das in unserer digitalisierten Welt von unschätzbarem Wert ist. Den ersten Schritt zu machen, eine poetische Inspiration zu finden und eine Anleitung für die ersten Verse zu erhalten, ist das Ziel dieses Buches. Wir bieten Kindern Erzählanfänge, Reimwörter und Bilder an, die ihnen helfen, eigene Gedichte zu verfassen.

Wer Spaß am Dichten findet, wird die Poesie als kraftvolles Ausdrucksmittel schätzen lernen und immer wieder die Freiheit genießen, Gedanken in kunstvolle Worte zu fassen.

Dieses Arbeitsbuch zum Thema „Gedichte" ist als fünfter Band der Reihe „Kreatives Schreiben für Kinder" konzipiert und eignet sich hervorragend für die Gruppenarbeit in Schulklassen oder Schreibgruppen. Es kann aber ebenso von jedem Kind individuell genutzt werden, um eigene poetische Werke zu schaffen.

In der Gruppe oder Klasse zu schreiben, bietet die wertvolle Möglichkeit, Gedichte laut vorzutragen und Rückmeldungen zu erhalten. Dies fördert das Selbstbewusstsein und macht den kreativen Prozess noch erfüllender. Wer allein schreibt, kann seine Gedichte Familie oder Freunden vortragen, um die eigene Stimme im wahrsten Sinne des Wortes zu finden und zu festigen.

Und nicht vergessen: Auch große Dichter haben einmal klein angefangen. Doch mit jeder geschriebenen Zeile kommt man der Meisterschaft ein Stück näher!

Nanja Holland

Schreibanlass: Frühlingserwachen

Blumen blühen, bunt und fein,
Vögel singen, groß und klein.
Bäume sprießen, grün und neu,
Frühling bringt uns Freude, oh wie schön und treu.

Und? Fallen dir weitere Strophen ein?

Reimwörter: Frühlingserwachen

Morgen – Sorgen, Wiesen – Fliesen, sprießen – genießen,

Sonnenschein – Kleeblattreihen, erwacht – Pracht, Farben – Garben

Lachen – Erwachen, Regenbogen – Wogen, Blühen – Mühen

....

....

....

....

....

....

....

....

**Blüten blühen,
Wiesen sprießen,
Frühling lässt uns
alles genießen.**

**Bunte Farben weit
und breit,
der Frühling bringt
uns große Freud'.**

Vögel singen
Tag für Tag,
Frühling ist,
was jeder mag.

Morgensonne,
hell und klar,
Frühling ist nun
endlich da.

Schreibanlass: Osterfreuden

Osterhasen hüpfen munter,
bunte Eier fallen runter.
Frühlingsfest und Freude pur,
Ostern feiern wir auf weiter Flur.

Und? Fallen dir weitere Strophen ein?

Reimwörter: Osterfreuden

Hasen – Rasen, verstecken – entdecken, Eier – Feier, suchen – Buchen

Hüpfen – Schlüpfen, Nester – fester, bunt – rund, Gras – Spaß,

Versteck – Geck, färben – erben, verzehren – belehren, lachen – Wachen

**Bunte Eier,
Freude pur,
Osterhasen lieben
die Natur.**

**Frühling bringt das
Osterfest,
Vögel singen schon
in ihrem Nest.**

Verstecken, suchen,
das macht Spaß,
Osterzeit im grünen
Gras.

Hüpfen, toben und
laut singen,
das alles wird uns
Ostern bringen.

Schreibanlass: Sommerferien

Sonnenschein und warmer Strand,
Abenteuer, Hand in Hand.
Ferienzeit ist wunderbar,
Urlaub machen, Jahr für Jahr.

Und? Fallen dir weitere Strophen ein?

....

....

....

....

....

....

....

....

Reimwörter: Sommerferien

Wellen – schnellen, Sand – Hand, baden – Laden, Strand – Land

schwimmen – Stimmen, lachen – Sachen, Reise – Weise,

Sonne – Wonne, klettern – Lettern, Meer – sehr, Brise – Wiese

....

....

....

....

....

....

....

....

....

Sonnenstrahlen,
Strand und Meer,
Sommerferien
lieben wir sehr.

Reisen, wandern,
Abenteuer pur,
Sommerferien in
der Natur!

Spielen, lachen,
frei und bunt,
Sommerferien sind
gesund.

Meeresrauschen,
Sand und Wellen,
Träume, die das
Herz erhellen.

Schreibanlass: Sommergewitter

Heißer Tag, der Regen naht,
Blitz und Donner – Wohltat.
Erfrischender Regen, kühl und klar,
Sommergewitter – wunderbar!

Und? Fallen dir weitere Strophen ein?

Reimwörter: Sommergewitter

Regen – Segen, Tropfen – klopfen, blitzen – sitzen, Sturm – Turm,

Dunkelheit – bereit, Himmel – Schimmel, Schwüle – Kühle,

Blitz – Hitz', Grollen – rollen, platschen – klatschen, nass – Fass

Donner, Blitze,
Regenflut,
Sommergewitter
tut uns gut.

Tropfen fallen,
Blitz und Knall,
Sommergewitter
überall.

Heiße Tage,
 Abkühlung naht,
Sommergewitter
ist angesagt.

Dunkle Wolken,
Blitzesglanz,
Sommergewitter,
großer Tanz.

Bunte Blätter überall,
Kürbisse in jedem Fall.
Herbstwind weht und wir geh'n,
bunte Blätter wirbeln seh'n.

Und? Fallen dir weitere Strophen ein?

Reimwörter: Herbststimmung

Blätter – Wetter, stürmen – türmen, Farbenpracht – Macht,

Hauch – Rauch, Nebel – Hebel, Ranken – wanken, Wald – Halt,

wehen – sehen, fliegen – siegen, Ast – Rast, Drachen – wachen

Bunte Blätter,
gold'ne Pracht,
Herbststimmung
auch in der Nacht.

Wolken ziehen,
Himmel grau,
Herbststimmung
kalt und rau.

Blätter tanzen
durch die Luft,
Herbststimmung
mit kühlem Duft.

Kürbisse und
Nebelschein,
Herbststimmung,
ja, das muss sein.

Schreibanlass: Halloween

Geister huschen durch die Nacht,
Kürbislaternen sind erwacht.
„Süßes oder Saures", rufen wir,
Halloween, wir feiern's hier.

Und? Fallen dir weitere Strophen ein?

....

....

....

....

....

....

....

....

Reimwörter: Halloween

Geister – Meister, Spuk – Krug, Fledermaus – Haus, Hexe – Echse,

Mondenschein – Geisterbein, Nacht – Pracht, Spinnen – rinnen,

Dunkelheit – schreit, Gespenster – Fenster, Nebel – Hebel, nah – sah

....

....

....

....

....

....

....

....

Geister huschen
durch die Nacht,
Halloween ist heut'
erwacht.

Hexen, Monster,
alles schreit,
Halloween ist voller
Heiterkeit.

Kürbislaternen,
flackerndes Licht,
Halloween zeigt sein
Gesicht.

An Halloween, da
lauern sie –
Vampire auf der
Gruselwiese.

Schreibanlass: Martinsumzug

Martinsumzug, Laternen hell,
Lichterglanz an jeder Stell'.
Leuchten in der dunklen Nacht,
Gemeinsam haben wir's gemacht.

Und? Fallen dir weitere Strophen ein?

Licht – Gesicht, Schein – rein, dunkel – funkel, singen – klingen,

Laterne – Sterne, Nacht – wacht, Stab – Trab, Lied – Fried,

geben – Erleben, leuchten – scheuchten, Lichterglanz – Tanz

Lieder singen,
Licht in der Hand,
Martinsumzug im
ganzen Land.

Lichtermeer und
frohes Singen,
Laternenumzug lässt
Herzen springen.

Dunkle Nacht,
Laternen strahlen,
Umzug, Kinder
fröhlich prahlen.

Laternen leuchten
hell und klar,
Kinder ziehen
singend – wunderbar.

Schreibanlass: Weihnachtszeit

Lichter strahlen hell und klar,
Weihnachtszeit ist wunderbar.
Plätzchenduft erfüllt das Haus,
Freude bereitet sich darin aus.

Und? Fallen dir weitere Strophen ein?

Reimwörter: Weihnachtszeit

Kerzen – Herzen, Glanz – Kranz, Stern – fern, Glocken – locken,

Stollen – rollen, Plätzchen – Sätzchen, Fest – Nest, Schlitten – bitten,

Tannenbaum – Raum, Engel – Bengel, Advent – Talent, Schein – klein

Kerzen flackern,

Tannenduft,

Weihnachtszeit

liegt in der Luft.

Plätzchen backen,

Lichtermeer,

Weihnachtszeit,

wir freuen uns sehr.

Glocken klingen,
Sternenglanz,
Weihnachtszeit
und froher Tanz.

Geschenke packen,
Heimlichkeit,
Weihnachtszeit,
es ist so weit.

Schreibanlass: Winterzauber

Schneeflocken fallen still und leis,
Eiskristalle glitzern weiß.
Schlittenfahren, Spaß im Schnee,
Winterzauber so schön wie eh.

Und? Fallen dir weitere Strophen ein?

Reimwörter: Winterzauber

Weiß – Eis, Flöckchen – Löckchen, Schuh – Ruh, Frost – Rost,

Glitzer – Spritzer, knistern – wispern, Hügel – Zügel, Wehen – sehen,

Winterpracht – Nacht, Flocke – Socke, Schlitten – bitten, kalt – Wald

Schneeflocken tanzen, Eis so klar, Winterzauber – wunderbar.

Frostige Nächte, Sterne glühen, kalte Winde durch die Bäume ziehen.

Schlittenfahren,
Schneeballschlacht,
Winterzauber
– Freude lacht.

Ein Kind im Schnee,
es lacht und singt,
während es uns
Schneebälle bringt.

Nachwort

Und? Hast du den Spaß am kreativen Schreiben gefunden? Dann bleib dran! Es gibt so viele Anlässe und Themen, über die du schreiben kannst. Kurzgeschichten und Märchen, Gedichte oder über ganz persönliche Sachen – beispielsweise Dinge, die du einem Tagebuch anvertraust. Am Anfang wirst du vielleicht noch ein paar Anregungen benötigen, wie in diesem Buch aufgeführt. Aber ich bin sicher, dass du schon bald keine Hilfestellung mehr für deine Geschichten brauchst und sie dir einfach so aus der Feder fließen ... ähm ... dem Computer, denn du wirst deine Geschichten sicherlich nicht mehr mit einer Feder aufs Papier kritzeln, oder?

Wenn du Spaß am Schreiben gefunden hast, dann haben wir eine tolle Info für dich: **Papierfresserchens MTM-Verlag** bietet seit fast zwei Jahrzehnten auch Kindern und Jugendlichen bei ganz verschiedenen Buchprojekten die Möglichkeit, sich mit eigenen Texten zu beteiligen. Das macht Spaß ... und nicht zuletzt sind diese Bücher immer eine prima Erinnerung an die eigene Kinder- und Jugendzeit, natürlich aber auch ein ganz persönliches Geschenk für Familie und Freunde.

Du kannst jedes Jahr Texte für ein Osterbuch einschicken oder dich an unserer Buchreihe „Wünsch dich in Wunder-Weihnachtsland" beteiligen, in der seit 2008 Jahr für Jahr Advents- und Weihnachtsgeschichten für kleine und große Leserinnen und Leser veröffentlicht werden. Und wir haben regelmäßig auch Schreibwettbewerbe nur für Kinder, an denen ihre euch beteiligen könnt.

Informationen zu allen Projekten, an denen du dich auch als junge Autorin oder als junger Autor beteiligen kannst, findest du auf unserer Internetseite **www.papierfresserchen.de**. Dort haben wir genau beschrieben, wie du deine Geschichten oder Gedichte einreichen kannst. Wir freuen uns schon heute auf deine Beiträge. Und solltest du Fragen haben, so melde dich bei uns.

Nanja Holland

Was ich mir noch merken wollte:

....

....

....

....

....

....

....

....

....

....

....

....

Weitere Titel der Reihe
„Kreatives Schreiben für Kinder"

Kreatives Schreiben für Kinder: Sagen – ISBN 978-3-99051-292-0

Kreatives Schreiben für Kinder: Weihnachtszeit – ISBN 978-3-99051-291-3

Kreatives Schreiben für Kinder: Gedichte – ISBN 978-3-99051-282-1

Kreatives Schreiben für Kinder: Halloween – ISBN 978-3-99051-275-3

Kreatives Schreiben für Kinder: Märchen – ISBN 978-3-99051-167-1

Kreatives Schreiben für Kinder: Religion – ISBN 978-3-99051-165-7

Kreatives Schreiben für Kinder: Tiergeschichten – ISBN 978-3-99051-169-5